Benedikta Buddeberg

.... nicht um bunten Traum ...   Gedichte

...nicht um

bunten Traum...

Gedanken und Gedichte von

Benedikta Buddeberg

Impressum

© Alle Rechte liegen bei der Autorin

Herbst 2002

Umschlagfoto: Traugott W. Buddeberg, Köln

Herstellung: Books on Demand GmbH, Norderstedt

ISBN 3-8311-4644-6

Inhalt:

Adventlied

Wir harren, Christ, in dunkler Zeit...
ein altes Lied zum Advent.
Die Worte und Noten find ich nicht mehr.
Ein Lied, das keiner mehr kennt.

Vom Harren zu singen klingt heute wie
Hohn.
Es weihnachtet im Herbst schon sehr.
Mit Gebäck und Kerzen und Dekoration
kommt Handel und Wandel daher.
Was du heut kannst besorgen,
das vernasch nicht erst morgen,
die die hoffen und harren
gelten heute als Narren.
Alles jetzt und sofort
heißt das Zauberwort.

Wir harren, Christ, in dunkler Zeit...
ein altes Lied zum Advent.
Die Worte und Noten find ich nicht mehr.
Ein Lied, das keiner mehr kennt.

Auch dunkel sind heute die Zeiten nicht sehr
Die Städte erstrahlen im Glanz
von tausenden Birnchen, ein Lichtermeer
fördert Profit und Bilanz.
Grell blitzende Laser Richtung weisen
denen, die von einem zum andren Markt
reisen.

Erleuchtet in blinkendem Neonschein
gilt heute nur noch Haben nicht Sein.
Für Wahrheit geblendet
als Konsumvieh verendet.

Wir harren, Christ, in dunkler Zeit...
ein altes Lied zum Advent.
Die Worte und Noten find ich nicht mehr.
Ein Lied, das keiner mehr kennt.

Es gibt einen Weg, der zur Wirklichkeit
führt:
Jesus als Mensch geboren.
Wer Ihm begegnet, wen Er berührt
ist für die Scheinwelt verloren.
Vom Terror der leblosen Werte befreit
zu ewig erfüllter Lebendigkeit
sind, die hoffen und harren
für Christus als Narren
mit offenen Augen die Dunkelheit sehn,
die dem wahren Licht folgend nach
Bethlehem gehn.

Schöner Wohnen

Gestalten Sie in diesem Jahr doch mal
ihren Weihnachtsbaum
traditionell

Eine Edeltanne, dicht benadelt
Schleifen in Rot und Gold
Rote Kerzen, echte, versteht sich
Goldgesprühte Nüsse, rotbackige Äpfel
Einen Strohstern an der Spitze

Gestalten Sie in diesem Jahr doch mal
ihren Weihnachtsbaum
klassisch

Eine perfekt gewachsene Blautanne
Glaskugeln in Gold und Silber,
mundgeblasen mit Glitter belegt
Überirdischer Glanz dank Lametta und
Lichterkette
Darüber thront ein prunkvoller
Rauschgoldengel

Gestalten Sie in diesem Jahr doch mal
ihren Weihnachtsbaum
trendy

Eine Fichte, mit Kunstschnee gesprüht
Kerzen bonbonfarben aufblasbar
Saurier- und Bärenengel,
Weihnachtsmänner und -frauen, allerliebst
Elektronische Glocken läuten ohne
Unterlass

Gestalten Sie in diesem Jahr doch mal
ihren Weihnachtsbaum
realistisch

Der Baum, zu jung, zu früh gefällt
Kerzen, aus Liebe sich selbst verzehrend
Krippe, grobes Holz wie das Kreuz
Dornenkronen zeitgemäß aus Stacheldraht
Dem König der Könige, der das für Sie
trug.

**Die Stätte, da Er wohnt, wird herrlich
sein.**
(Jesaia 11,10)

Für Uta, die in unseren Adventkranz
eine Dornenkrone aus Stacheldraht
eingearbeitet hat.

13

24 Türchen

24 Türchen
adventkalenderlang
Zeit verrinnt wie Schnee
und irgendwer kommt an.

24 Türchen
viel zu lang die Zeit
zu den Weihnachtsferien
ob es wohl bald schneit?
Können's kaum erwarten
die Kinder jeden Tag
was der Weihnachtsabend
Schönes bringen mag?

24 Türchen
adventkalenderlang
Zeit verrinnt wie Schnee
und irgendwer kommt an.

24 Türchen
viel zu kurz die Zeit
backen dekorieren
alles wird bereit.
Post und Päckchen schicken
nur nichts übersehn
Stress und Einkaufshektik
manchmal nicht mehr schön.

24 Türchen
adventkalenderlang
Zeit verrinnt wie Schnee
und irgendwer kommt an

24 Türchen
ziemlich lange Zeit
viel wird hier wohl passieren
das Ende doch noch weit
einfach nicht dran denken
Stunden plätschern hin
Zeit stirbt an Langeweile
fehlt auch Ziel und Sinn

24 Türchen
adventkalenderlang
Zeit verrinnt wie Schnee
und irgendwer kommt an

24 Türchen
nur noch kurze Zeit
Er wird wiederkommen
sind wir schon bereit?
Alles andre lassen
und in Freud und Leid
ihm entgegengehen
nicht nur zur Weihnachtszeit

Engel(un)wesen

Engel sind in diesen Zeiten
ungeheuer populär.
Dass sie schützen und begleiten,
wünscht der Mensch sich heute sehr.
Käuflich kann man sie erwerben,
das Geschäft, es grünt und blüht,
obwohl man jene Lichterwesen
eigentlich nur selten sieht.

Mancher Mitmensch hört sie reden,
fühlt sich innerlich geführt,
hat kurz vor der Katastrophe
einen Flügelschlag gespürt.
Ruft sie an, vertrauensselig,
lässt die Mächte willig ein,
stellt sich nicht einmal die Frage,
ob es auch die rechten sein.

Sie sind schwer zu unterscheiden,
das ist wirklich ein Problem,
denn auch bei den engelhaften
ist nicht alles gut und schön.
Champignon und Blätterknolle
sind bekanntlich ziemlich gleich,
kann ein Laie leicht verwechseln.
Der Genuss ist folgenreich.

Um Irrtum sicher auszuschließen
hilft uns kein Brimborium.
Mancher kam, trotz bester Absicht,
durch den Pilzverzehr schon um.
Soll man deshalb ganz verzichten,
nüchtern weltverhaftet sein?
Oder lädt man statt der Diener
gleich den Herrn sich selber ein?

Denn der Wunsch in vielen Menschen,
dass ein Engel um sie sei,
der sie schützt und sie begleitet,
ist nur aktuell, nicht neu.
Diesen Wunsch uns zu erfüllen
und nicht nur zur Weihnachtszeit,
ist der Herr der Himmelsheere
jederzeit und gern bereit.

Engel find man bei der Krippe
nicht im Esoterikmüll,
weil ein echter Himmelsbote
nur auf Jesus weisen will.
Suchen und in ihm zu finden,
wie die Hirten selber sehn,
das ist deine Weihnachtschance,
lass sie nicht vorüber gehen.

Sternzeit 2001

Hochkonjunktur haben die Sterne
und nicht nur zur Weihnachtszeit.
Den Astrologen zu glauben
ist mancher nur zu gern bereit.
Obwohl diese falschen Propheten
nichts von dem vorhergesehn,
was in diesem Jahr uns bewegte,
was an Terror und Krieg geschehn.

Dass die Konstellation der Sterne
sich völlig verändert hat,
will eigentlich niemand wissen.
Astrophysiker lehrn in der Tat
von Asteroiden und Sonnen,
schwarzen Löchern und Gravitation.
Die Auflagen der Horoskope
nur sprechen der Wissenschaft Hohn.

Ein wahrhafter Sternenregen
ergießt sich zu heiliger Zeit.
Es glitzert so feierlich prächtig
macht Kunden zum Kauf bald bereit.
Ungeachtet politischer Lage
bleibt Konsum das erklärte Ziel
beruhigt durch Wachstumsprognosen
kauft jeder gerne und viel.

Den einen Stern sahen die Weisen,
der führte sie damals zum Stall,
zum neugeborenen König,
dem Herrn über Erde und All.
Den einen Stern gilt es zu suchen
im endlosen Himmelszelt
und Jesus den Retter zu finden,
mitten in dieser heillosen Welt.

Bemerkungen der Weisen

Wir haben den Stern gesehen
keinen Stern aus ferner Galaxis
nicht ein anderes Sonnensystem
das wir kaum ahnen noch kennen
nur als Pünktchen am Nachthimmel sehn
keinen Stern, den Astronomen
berechnet gemessen erfasst
der mehr Fragen als Antworten aufwirft
weil oft die Berechnung nicht passt

Wir haben den Stern gesehen
keinen fehlbaren Schicksalsverkünder
kein Sternbild mit Aszendent
in dem vorgeblich der Astrologe
Unglück, Zukunft und Hoffnung erkennt
keiner hat das Unheil geweissagt
das sich kürzlich ereignet hat
dennoch haben die Horoskope
viel Einfluss landauf und landab

Wir haben den Stern gesehen
nicht den roten Verheißungsstern
der Gerechtigkeit ewig verspricht
verglüht schon nach knapp hundert Jahren
denn die Menschen ändern sich nicht
auch den Stern nicht auf westlichem
Banner
Stern der Größe der Macht der Potenz
Stern des Reichtums auf Kosten der Armen
ohne Furcht drohender Konsequenz

Wir haben den Stern gesehen
der von Wissenschaftlern bezweifelt
von Hellsehern wegdiskutiert
von den Atheisten geleugnet
durch den Handel kommerzialisiert
Er verkündet das Kommen des Kindes
das Herr nicht nur Israels sei
den Religiösen zum Ärger
der Wissenschaft nur Narretei

Wir haben den Stern gesehen
Stern des Kinds in der Krippe
Stern der Liebe des Vaters zur Welt
Stern als Zeichen des Friedensfürsten
dessen Wort das Weltall erhält
der einzige Stern von Bedeutung
für die Menschen in jeder Zeit
den Stern des gekreuzigten Jesus
ein Stern aus der Ewigkeit.

Wir haben seinen Stern gesehn
und wir sind hier
um ihn anzubeten
in Zeit und Ewigkeit

Deutsche Weihnacht

Kerzen
Trost und Hoffnung
Wärme und Licht
Trost bringt Wärme obwohl
alles ist wie es ist
Hoffnung bringt Licht weil
nichts bleibt wie es ist.

Kerzen
schwacher Trost leise Hoffnung
kleine Wärme wenig Licht
doch Trost bringt Wärme
hindert das totale Erkalten
Hoffnung bringt Licht
durchbricht totale Dunkelheit.

Kerzen im Fenster
kleiner Trost etwas Hoffnung
Wärme gegen Eiszeit
Lichter gegen kalten Krieg
Wir sind euch verbunden
Ihr seid nicht vergessen.
Stille Demonstration.

Kerzen auf Straßen
umarmender Trost
aufschäumende Hoffnung
Wärme bricht das Eis
Licht lässt Mauern fallen
Wir sind das Volk
getröstet und hoffnungsvoll.

...und heute?
Wessi und Ossi
trostlose Kälte
Mauer in Köpfen
verhindert jedes Licht.
Gebt nicht auf es ist Weihnacht
und in einigen Fenstern
stehen wieder Kerzen.

Kerzen
Trost und Hoffnung
Wärme und Licht
Trost bringt Wärme obwohl
alles ist wie es ist
Hoffnung bringt Licht weil
nichts bleibt wie es ist.

Nicht bunter Traum

Kleine Goldpapierstreifen
vorsichtig gelöst
von Bonbonhüllen
sorgsam geglättet
mit erbsengroßem
Daumennagel
wertloser
Kinderschatz

Silbrig glänzende Fäden
an grünem Zweig
kerzenbeschienen
überirdisch fast
Spiegeln im Leuchten
von Kinderaugen
erwartungsvoll
Weihnachtsträume

Farbengeflimmer
irisierend schimmernder
Kunststoffteilchen
annähernd vergleichbar
sonnenbeschienenem
Schneeglanz
nachgemachter
Regenbogenschein

Goldpapier und Lametta
Spraydosenschnee
und Kugeln aus buntem Glas
licht brechende Kristalle
Glittergeflitter
kitschsilbergolden
bunter Traum
Kinderweihnacht

Realitätsnüchterne
Sterne aus Stroh
Hänger aus Holz
erwachsen gedacht
war doch
die Krippe aus Holz
lag doch
das Kind im Stroh

Bleibt eine Frage:
kam jenes Kind nicht
aus der Herrlichkeit
ewigen Lichts
Straßen aus Gold
perlschimmernde Tore
regenbogenglänzend
sein Thron

Ist weihnachtlicher Glanz
den Kinder so lieben
mehr als ein bunter Traum
eine Erinnerung vielleicht
eine Sehnsucht
nach der Heimat
aus der das Kind kam
auf die wir zu leben?

Vielleicht

Stille

Stille
überflutet zwar
und überlagert
dennoch
allgegenwärtig
unendlich
dem Weltall gleich

Gott
wohnt
in der Stille
allgegenwärtig
lässt sich finden
spricht
der Stille gleich

Festgedanken

Karneval sei wohl ein heidnisches Fest
wird ausgelassen gefeiert
man gibt sich die Kante oder den Rest
maskiert oder ganz unverschleiert.
Nach christlichem sucht man vergeblich
beim bunten Treiben der Narretei
einzig, doch recht unerheblich
der Aschermittwoch wenn alles vorbei.

Weihnachten sei wohl ein heidnisches Fest
Die Feier zur Sonnenwende
Grünender Baum mit Lichtergeäst
Geschenke zum Jahresende
Doch irgendwie bleibt da jenes Kind
Gott selber als Mensch geboren
zeigt sich den Heiden wohlgesinnt
gibt nichts und niemand verloren.

Auch Ostern sei wohl ein heidnisches Fest
Mit Hasen und bunten Eiern
Die Göttin ihr Band blau flattern lässt
das Frühlingsgefühl anzuleiern
Und mitten da drin das Kreuz und der Tod
Jesus zahlt unsre Schulden und Sünden
Auferstehungssieg im Morgenrot
wird in ewiges Leben einmünden.

Bleibt Karneval einzig heidnisch zuletzt?
Ob sich vielleicht doch noch was findet?
Möglich wäre, dass jemand bibelfest
Maskerade von der Schrift her begründet?
Die Suche nach christlichem Grund fand statt
und schließlich entdeckte man dies:
Die ersten Masken aus Feigenblatt
zur Vertreibung aus dem Paradies.

Vorhang

Lautlos fällt
schwerroter Theatersamt
in atemlose Stille.

Dramatik
der letzten Sekunden
fesselt und lähmt.
Keine Bewegung
Zeitstillstand.

Einsetzender Beifall
bricht das Schweigen,
brandet befreiend.

Der Vorhang
gibt den Blick frei
auf die Akteure.
Sie verneigen sich lächelnd,
wieder lebendig.

Erleichterter Applaus.
Spiel war Leben und Tod
Auferstehung inklusiv.

Lautlos fällt
schwarztiefe Nacht
der letze Vorhang.

Nicht Spiel
reales Leben
folgerichtiger Tod
niemand applaudiert
Zeitstillstand

Die Auferstehung der Toten
öffnet den Vorhang letztgültig.
Wen werden wir erleichtert wiedersehn?

Original und Fälschung

original
unnachahmlich
einzigartig

jede Schattierung gewählt
kein Detail zufällig
jeder Fingerabdruck unterschieden
jede Genkombination individuell

Werk eines genialen Künstlers
die unendliche Vielfalt seiner selbst
darstellend

kostbar
unersetzlich
bewundernswert

mit unverwechselbaren Eigenschaften
durch unverzichtbare Begabungen
voll unerwarteter Möglichkeiten
als unschätzbare Bereicherung

Komposition eines genialen Künstlers
die unendlichen Möglichkeiten seiner selbst
darstellend

uniformiert
angepasst
gleichgeschaltet

verformt von Mutterleib an
als Häkchen gekrümmt und gebogen
wohlmeinend ideologisch übermalt
bis zur Unkenntlichkeit angepasst

das Werk des Künstlers vermeintlich vollendet
die unendliche Vielfalt auf das Vernünftige
                                    reduziert

verletzt
verbittert
entstellt

mit Hammerschlägen zerbrochen
mühsam gekittet und rekonstruiert
durch Säureanschläge verätzt
die Fassade mit Mühe geschminkt

Das Werk als unzulänglich und entbehrlich
                                    entlarvt
Den Künstler als Scharlatan verlacht und
                                    gekreuzigt.

Der Herr ist wahrhaftig auferstanden
                        (Luk.24,34)

Osterzeit

aufbrechende erde
zartgrünes gras
leuchtende blumen

erwachendes holz
knospende blätter
zarter blütenflor

junges leben
küken und eier
häschen und lämmchen

ist nicht Auferstehung

gebrochener leib
blutende wunden
dornengekrönt

todbringendes holz
wo reanimation
weder machbar noch gewollt

geöffnetes grab
durchbrochener kreislauf
besiegter tod

ist Auferstehung
Halleluja

Schließlich und letzten Endes

Schließlich und letzten Endes
können wir unsere
Riten und Traditionen
vergessen

Schließlich und letzten Endes
wird Konservieren mit
Salböl und Kräutern
überflüssig

Schließlich und letzten Endes
sind wir nicht mehr von
Soldaten und Steinen
gehindert

Schließlich und letzten Endes
ist der Tod überwunden.
Jesus, der Christus,
auferstanden

Weizengesang

Was ist der Sinn
ich bleib wie ich bin
Nichts geb ich her
fällt euch auch schwer
mich recht zu verdauen
man muss halt kauen
ich lasse nichts los
sonst verliere ich bloß
halte vollwertig fest
den Ballaststoffrest
bin ja so wertvoll
werde nicht was ich sein soll
oder kann
nehmt mich an
ich bin wie ich bin
das ist mein Sinn.

Was ist der Sinn
ich gebe mich hin
und geb alles her
fällt es auch schwer
zwischen Mühlsteinen liegen
zerdrückt und zerrieben
zum sterben geboren
mich selbst verloren

nichts wertvolles blieb
ist alles versiebt
nun bin ich rein
angepasst verraten allein
und dann
nimmt man mich an
ich gebe mich hin
das ist mein Sinn.

Was ist der Sinn
wo will ich hin
von den Fesseln den alten
von Erde gehalten
in mich gebogen
werd zum Himmel gezogen
Schmerz nehm ich in Kauf
Licht richtet mich auf
die Sonne sehen
aufrecht stehen
ist Neues geworden
Gestriges zerfault gestorben
und hundertfach
Frucht gebracht
steckt in mir drin
das ist der Sinn.

Regenbogenwetter

Schwarz drohen
aufgetürmte Gewittergebirge
vor schwefelgelbem Himmel
Zuckende Blitze
blenden für Sekunden
kaltweißes Licht auf
gespenstische Szene

Basstönene Detonationen
erschüttern die Luft
die Erde scheint zu beben
Regen bricht herab
platzt wie überreife Frucht
Staub wirbelt auf
bevor er gebunden.

Wie ein Strafgericht
toben die Elemente
früher sagte man:
Kind pass auf
der liebe Gott schimpft
So sagte man
Doch der Himmel reißt auf!

Blau, tiefleuchtend provokant
kontrastiert er mit
Schmutzgelb und Grau
ein Schleier aus Wasser
versucht den Blick zu trüben

Da überraschend doch erwartet
strahlend ein Regenbogen

Das Zeichen seiner Treue
gegen das berstende Donnern
gegen das beängstigende Blitzen
gegen Hagel Regen und Sturm
Bei gutem Wetter
bleibt es unsichtbar
Das Zeichen deiner Treue lieber Gott.

Lasst die Kinder

Lasst die Kinder -
auf diese drei Worte
hat sich heute
die Pädagogik
reduziert.
Ein tödlicher
Minimalismus,
Eltern, Umwelt und Kinder
verzweifeln.
Wir misstrauten der Ordnung
und schufen das Chaos.
Wir widersagten dem Zwang
und schufen die Anarchie.
Das Gute, das wir wollen,
die Freiheit, das Glück
erreichen wir nicht.

Lasst die Kinder zu mir kommen.
Der diese Worte sagt,
kennt bis heute
die Spielregeln
der Pädagogik,
einen schützenden
Lebensraum
zum Wachsen, Lernen
und Träumen.
Vertrauen einer Ordnung,
die den anderen respektiert.
Widersagen dem Zwang,
für sich das meiste herauszuholen.
Das Gute, das wir suchen,
die Freiheit, das Glück
erreichbar in Ihm.

Lasst die Kinder zu mir kommen,
denn ihnen gehört das Reich Gottes.

Jesus Christus

doch noch

In Gera hat man
von der oberen Etage
des McDonald Restaurants
einen wunderbaren Blick

Die Autobahnauffahrt
einerseits
Mercedesstern und VW-Flaggen
andererseits

Daneben noch immer
drei Fabrikschornsteine
ragen in den Himmel
die gab es auch damals schon

Wenn man all das
übersieht
weiterschaut
vorbei an einigen Silos

Sieht man
einen sanften grünen Hügel
ein paar Dächer einen Kirchturm
Es ist also doch noch erhalten

Zwei Türme

Zwei Türme
geformt wie Glockenstühle
einer gotischen
Kathedrale
nur modern - aus Glas
zieren das Gebäude
„Chemnitz-Center"
liest man
von der Autobahn

Zwei Türme
zieren den Tempel
des Kapitalismus-
Gottes
fordern Ehrerbietung
und Konsumbereitschaft
ja auch Opfer
nicht nur von
nicht mehr Karl-Marx-Städtern

Zwei Türme
verhießen gleich nach
der Wende
Glückseligkeit
wenn ihr niederfallt
und anbetet
doch die dieses Glück versprachen
wussten um die Lüge

Weder Kirchen noch Barock

Hunderte Jahre
widerstanden
trotzig massive Mauern
boten Sicherheit
ja Geborgenheit
vor allen Stürmen
des Nationalsozialismus
des Kommunismus.
Exterritoriales Gebiet
Raum für Anbetung
Ein feste Burg

Nach der Zerstörung
notdürftig repariert
keine Mittel
kein Interesse.
An Wintertagen
fürchtete die Gemeinde
um die Orgel
um die Bausubstanz
und um die eigene Gesundheit.
Anbetung in feuchtkaltem Klima
Die Burg fast Ruine

Nach der Wende
alles prächtig erneuert
das Dach stilecht
die Heizung neueste Technik
die Wände renoviert
die Orgel restauriert
für Konzerte
und Kultur.

Ein Kleinod der Sakralbaukunst
Anbetung wich der Kunst
Der Burgherr wohnt hier nicht mehr

Zeugnisse

Ein alter Witz erzählt
wie ein Vater
seine außerordentlichen
Schulleistungen
beschreibt
ja sogar den Sohn
damit auch
zu außerordentlichen
Schulleistungen
herauszufordern versucht
bis zu dem Tag
an dem der Sohn
die Zeugnisse des Vaters
auf dem Speicher findet
die alle Prahlerei
als Lüge entlarvt.
Eben ein schlechtes Zeugnis

Manche traurige Geschichte erzählt
wie ein Christ
sein außerordentliches
Glaubensleben
beschreibt
und seinen Mitmenschen
damit auch
zu außerordentlichem
Glaubensleben
herauszufordern versucht

bis zu dem Tag
an dem der Mitmensch
den Alltag des Christen
hautnah miterlebt
der alle Heuchelei
als Lüge entlarvt.
Eben ein schlechtes Zeugnis

Zu selten hört man Berichte
wie Menschen mit Jesus
ganz außergewöhnliche
Dimensionen
erfahren
staunend darüber berichten
um andere
auf diese außergewöhnliche
Dimension
hinzuweisen
so dass Mitmenschen
die Realität des Auferstandenen
selbst erfahren möchten
frei von Prahlerei
oder Heuchelei.
Eben ein gutes Zeugnis.
Wir brauchen mehr davon.

<u>Psalm 23 (zeitgemäße Fassung)</u>

Ich bin doch wohl kein Schaf

Der Herr ist mein Hirte,

und man kann eben nicht alles haben.

mir wird nichts mangeln.

Ich nehme mir, was ich brauche

Er weidet mich auf einer grünen Aue

und sage: Hauptsache es schmeckt.

und führt mich zu frischem Wasser.

Zur Not gibt es ja Psychiater

Er erquicket meine Seele

denn das Leben ist ein einziger Dschungel.

Er führet mich auf rechter Straße

Doch ein Pfadfinder kennt keinen Schmerz.

um seines Namens Willen.

Natürlich ist nicht alle Tage Sonnenschein

Und ob ich auch wandelte im finsteren Tal,

aber Unkraut vergeht nicht, sage ich

immer.

fürchte ich kein Unglück;

Und im finsteren Wald kann man immer

noch pfeifen.

denn du bist bei mir,

Außerdem habe ich ja meinen Talisman

dein Stecken und Stab trösten mich.

Fressen und gefressen werden

Du bereitest vor mir einen Tisch

Der Mensch ist des Menschen Wolf.

im Angesicht meiner Feinde.

Deshalb nehme ich mir, was mir zusteht:

Du salbest mein Haupt mit Öl

jedem das Seine und mir das Meiste.

und schenkest mir voll ein.

Das Leben ist ein Kampf, das ist allgemein bekannt

Gutes und Barmherzigkeit werden mir folgen

mein Leben lang,

und in der Kiste als Würmerfutter ist alles vorbei.

und ich werde bleiben im Hause des Herrn

immerdar.

Ökologisch gedacht

Eine kleine Störung
etwa ein Sprung
in der Platte
hat massive Auswirkungen:

Du sollst den Herrn deinen Gott lieben
von ganzem Herzen
mit ganzer Seele
und mit aller deiner Kraft
und deinen Nächsten wie

dich selbst
dich selbst
dich selbst
dich selbst

dicH selbst
diCH selbst
dICH selbst

dICH selbst

Ökosysteme
auch geistliche
hochsensible Symbiosen
geraten unweigerlich
aus dem Gleichgewicht
wenn ein Faktor
aus welchen Anlass
auch immer
verändert wird.

Das Ökosystem
menschlicher Beziehungen
braucht dringend
Biotope
der Anbetung Gottes.

Navigation

zitternd
die Nadel
des Kompass
behutsam
den Kurs
bestimmend

irrwitzig
die Nadel
willig folgend
jedem Magnet
abgelenkt
die Richtung
verloren

überflüssig
die Nadel
folgerichtig
das Glas
geborsten
die Windrose
zerschlagen

Lebensschiffe
orientierungslos
havarieren
zerschellen
sinken
an den Cycladen
des Zeitgeistes

menschliche
Wracks
gebrochen
unbeachtet

Einzig
der war
der ist
der kommt
Konstante
unveränderbar
heilig
heilig
heilig
rufen himmlische Heere
zitternd

Aggregatzustand

Felsen
Fundament und
Sicherheit
verworfener Eckstein
fester Grund
einen anderen
kann niemand legen

Wasser
sanfte Quelle und
reißender Strom
überfließend lebendig
vergossen
als Blut
zur Vergebung der Schuld

Atem
des Lebens und
heiliger Geist
alles durchdringend
reinigt
und heiligt
verzehrendes Feuer

Ewiger
immer derselbe
immer anders
der war der ist der kommt
begegnet
in Jesus
uns Sterblichen

Eben (nach Psalm 1)

Selig, glücklich, beneidenswert ist,
wer sich nicht betrügen lässt von Menschen,
die behaupten alles zu wissen,
die die Welt erklären, als handele sich um eine
Legokonstruktion,
die Leben nach Wert und Unwert beurteilen,
die Atome und Gehirnströme messen und
vorgeben zu verstehen,
die handeln, als seien sie Gott,
die überzeugt sind, sie wären Gott,
die Gott folgerichtig abgeschafft haben,
eben der Rat der Gottlosen.

Selig, glücklich, beneidenswert ist,
wer sich nicht beeinflussen lässt von Menschen,
die Hochrechnungen für verlässlich erklären,
die den Weg weisen, ohne ihn zu kennen,
die die Sterne befragen und die Wahrsager,
die eine neue Neue Zeit prophezeien und neue
Götter konstruieren,
die Gesetzlosigkeit zum ersten Gesetz erklären,
die bewusst gegen den erklärten Willen Gottes
handeln,
die folgerichtig die Gesetze Gottes ablehnen,
eben der Weg der Sünder.

Selig, glücklich, beneidenswert ist,
wer sich nicht vereinnahmen lässt von
Menschen,
die sich Spaß zum Lebensinhalt erklärt haben,
die für ein müdes Lachen ihr Erbrecht verkaufen,
die keinen Witz für zu geschmacklos halten,
die Spott und Verachtung als geistvolle
Unterhaltung lieben,
die für Vergnügen zur Not auch mit dem Leben
bezahlen,
die nichts mehr haben, was ihnen wertvoll oder
heilig wäre,
die weder die Menschenrechte achten, noch Gott
fürchten,
eben die Spötter.

Selig, glücklich, beneidenswert ist
wer begeistert ist von den Gesetzen unseres
Gottes,
von der kreativen Ordnung des Weltalls,
von der Dynamik der Kernfusion in der Sonne,
von der Vielfalt der Lebewesen,
von der Einzigartigkeit jeder Genkette,
von der Konstruktion des menschlichen
Bewusstseins,
von der Fähigkeit zu erkennen und zu
unterscheiden,
von der Option, das Gute zu wählen,
eben Freude am Gesetz des Herrn.

Selig, glücklich, beneidenswert ist
wer nicht nachlässt zu erforschen und zu
erkennen,
dass Gott der geniale Schöpfer ist,
dass diese Welt ganz anders angelegt ist,
dass die Ordnungen und Gesetze unübertrefflich
sind,
dass sie dem Menschen zum Besten dienen,
dass wir besser zur Besinnung kommen sollten,
dass es einen persönlichen Neuanfang gibt,
dass der Preis dafür bereits bezahlt ist,
eben Grund nachzudenken Tag und Nacht.

Selig, glücklich, beneidenswert ist
solch ein Mensch,
der sich nicht von jeder Meinung umblasen lässt,
der Wurzeln schlagen kann, die tief und weit
reichen,
der sich aus ewigen Quellen speist,
der nicht von heißer Luft ausgetrocknet wird,
der einen Sinn in seinem Dasein sieht,
der sein Tun als fruchtbar erlebt,
der sein Leben erfolgreich führt,
eben ein Baum an Wasserbächen.

Selig, glücklich, beneidenswert ist
der gottlose Menschen nicht:
sein Weltbild ein Kartenhaus,
sein Urteil unmenschlich,
seine Wege führen ins Nichts,
seine Hochrechnungen falsch,
seine Wahrsager Lügner,
seine Gesetzlosigkeit tödlich,
sein Lachen vergällt,
eben Spreu, die der Wind verstreut.

Selig, glücklich, beneidenswert ist
kein Mensch, der die Gottlosigkeit wählt,
sein Urteil selbst getroffen,
seine Chancen verworfen,
seine Rettung abgelehnt,
seine Ewigkeit verspielt,
sein Zuhause verlassen,
seine Geschwister verhöhnt,
seinen Gott verraten,
eben in sein Verderben gelaufen.

Selig, glücklich, beneidenswert
die Gerechten, die Gott kennen,
der Herr ist ihr Weg,
der Herr ist ihr Ziel,
der Herr ist ihr Zuhause,
der Herr der war,
der Herr der ist,
der Herr der kommt,
der Herr von Ewigkeit zu Ewigkeit
eben der Herr unser Gott.

Vaterhaus

Sie kommen allein und in Gruppen
als Gäste hinein in sein Haus
aus der Hektik und Hitze des Alltags
in der Kühle hier atmen sie auf

Ruhig geh'n sie oder leise plaudernd
betrachten die Kunstwerke still
die Kulturen und Zeit überdauern
mit dem Hausherrn keiner reden will

Sie lauschen der Stille, den Tönen
die man sonst nicht hört in der Stadt
kauflärmend ist das Gedränge
aus dem man die Flucht gesucht hat

Man lacht oder lächelt zumindest
wenn vielleicht die Gestaltung missfällt
an großen erklärenden Gesten
erkennt man den Kunstfreund von Welt

Manch einer schaut still in die Höhe
den Hut er fast ehrfurchtsvoll zieht
der andre kaut lässig sein Gummi
seine Tussi ein Küsschen rasch kriegt

„Ich genieße hier nur die Stille"
muss jemand ganz deutlich erklärn
weil die Frau fragt, ob er etwa bete
Er will solchen Unsinn nicht hörn.

Sie kaufen noch schnell eine Karte
Hier gewesen das Bauwerk gesehn
Nur der Vater steht noch da und wartet
läßt den Kindern die Freiheit zu geh'n.

Halsstarrig

Halsstarrig
beharre ich darauf
dass vor Gott
und dem Gesetz
alle Menschen
gleich sind

Halsstarrig
behaupte ich
dass weder
Sklave noch Freier
Jude noch Grieche
Mann noch Frau zählt

Halsstarrig
fordere ich
Gerechtigkeit
in Gesellschaft und Staat
Heim und Herd
Kirche und Kanzel

Halsstarrig
verweigere ich
Schleier und Kopftuch
Kaffeekochen und Kinderhüten
Schweigen in der Gemeinde
und anderswo

Halsstarrig
widerspreche ich
der neuen Weiblichkeit
dem Mutterkuh-Feminismus
der Verführerinnenschuld
und allen Klischees

Halsstarrig
ertrage ich
schmierige Bemerkungen
höhnisches Grinsen
offene Feindseligkeit
Emanzenalltag

Halsstarrig
bleibe ich
und unbeugsam
ein neuer Mensch
in Christus
und sonst nichts.

Urbi et Orbi

„Die Bewohner der deutschen Hauptstadt,
die haben es wirklich sehr schwer,
weil hier Demonstranten fast täglich
behindern den Straßenverkehr.
Egal wofür und wogegen
die Ruhe wird einfach gestört
Die Leute könn' einem leid tun,
das hab ich im Fernsehn gehört."

So sagte die Dame aus Schwaben
bei einer Demonstration,
an der sie persönlich teilnahm,
an sich schon `ne Revolution.
Sie hatte soviel Verständnis,
wie sich das für Christen gebührt.
Sie schämte sich glatt ihres Auftritts
war mindestens peinlich berührt.

Was wollten denn alle die Christen
Zehntausende an der Zahl?
Proklamierten Jesus als König
sowohl inter- als auch national.
Erklärten den Menschen Frieden
im Weltkreis und in der Stadt,
den der gekreuzigte König
allen Völkern ermöglicht hat.

Sie sangen und tanzten und lachten
Ein fröhlicher lärmender Zug
Das Wissen um Auferstehung
war Anlass zur Freude genug.
Der König der Welt höchstpersönlich
und sein Volk sich die Ehre hier gab.
Für die Stadt ein Tag voller Segen
auch wenn das manch einer nicht sah.

Und das sei der Dame aus Schwaben
hier noch zum Troste gesagt:
Kommt Jesus als König einst wieder,
wird das ein ganz anderer Tag.
Die Demonstration wird gewaltig.
Niemand kann sich der Sache entziehn,
jeder muss Jesu Herrschaft erkennen.
Im Erdkreis und auch in Berlin.

Muscheln

Das große Meer
in jeder Muschel
Du hörst das Rauschen
hältst du sie ans Ohr
und schließt du die Augen
kannst du es sehn
die Weite der Glanz
hier ganz nah bei dir

Der große Gott
in jeder Kirche
Du spürst die Gegenwart
in geheiligtem Raum
und schließt du die Augen
kannst du auch sehn
das Licht und den Glanz
hier ganz nah bei dir

Das große Meer
ist nicht in der Muschel
Was du hörst jenes Rauschen
nur der Strom deines Bluts
Es lachen die Spötter
ein Märchen für Kinder
kein Wunder kein Gleichnis
einfach nur Illusion

Der große Gott
ist nicht in der Kirche
nur Baukunst und Weihrauch
perfekt inszeniert
Es lachen die Spötter
ein Märchen für Kinder
deine Psyche lässt grüßen
nur eine Fiktion

Das endlose Meer
wer wollte es leugnen
der es einmal gerochen
gesehen gespürt

Gewittergedanken

Stürzende Bäche
Vom Firmament
geöffnete Schleusen
Wasserströme
aus des Himmels Feste
Gewittergericht
Wie einst
zu Noahs Zeit
berstendes Grollen
nachtfinsterer Tag
taghelle Blitznacht
Gewittergericht

Reißende Wolken
Sonnenflut
strahlende Wärme
Jenseits der Finsternis
Gnadengericht
Wie einst
zu Noahs Zeiten
gleißende Tropfen
dampfendes Nass
Regenbogen
Gnadengericht

Strahlende Farben
diamantfunklend
glitzernder Regen
vor grauschwarzer Wand
Gnadenversprechen
Wie einst
zu Noahs Zeiten
nie wieder
Vernichtung
Gewittergericht.
Regenbogenversprechen

Liebeslied für eine Raupe

Es ist ein Kompliment
wenn ich sage
du bist für mich
eine Raupe.

Ich weiß, das Tier gilt nicht
als besonders attraktiv.

Behäbig, sagt man
und verkennt
die Eleganz
deiner Bewegung
in sanften Wellen

Verfressen, schimpft man
und ignoriert
du nimmst dir
was du brauchst
ohne Reue mit Genuss

Hässlich, meint man
und übersieht
den strahlenden Glanz
deiner Augen
und des kuschelbraunen Fells

Es ist ein Kompliment
wenn ich sage
du bist für mich
eine Raupe

Du glaubtest mir nicht mehr
unsere Gemeinsamkeit verging

Zurückgezogen
wurdest du
schweigsam
nächtelange Gespräche
zu Smalltalk geschrumpft

Eingesponnen
in eigene Gedanken
verletzte Gefühle
nicht mehr fähig
das Leben zu teilen

Verhärtet
von der Außenwelt
abgekapselt
Anrufbeantworter
führt die Konversation

Ich sehe dich an und fürchte
das ist der Tod, für immer verloren

Es war ein Kompliment
wenn ich sagte
du bist für mich
eine Raupe

Einmal sah ich zu
wie eine Puppe zerbrach
mühevoll
neues Dasein
aus der engen Hülle drängte

Einmal sah ich zu
wie sich Flügel
entfalteten
in überirdischen Farben
schöpfungsfrischem Glanz

Einmal sah ich zu
als ein Falter
sich entpuppte
und ausstreckte
zu erneuertem Leben

Und ich weiß ich werde geduldig warten
Und hoffen dass die Metamorphose
gelingt.

Deshalb ist es ein Kompliment
wenn ich sage
du bist für mich
eine Raupe

Persönliches Ostern

Das Leben hingeben
durchkreuztes Ich
mit Jesus gestorben
auferstanden vor dem Tod
zu ewigem Leben
in Christus verborgen

Weltkulturerbe

Mit einem Hammer
zerschlug
ein Verrückter
die Pieta
von Michelangelo

Ein Aufschrei
des Entsetzens
folgte
unwiederbringlich
dieser Kunstschatz
wie krank
muß das Gehirn
jenes Mannes sein

Mit schweren Geschützen
zerbombten
die Taliban
Buddhastatuen
In Afghanistan

Ein Aufschrei
des Entsetzens
weltweit
unwiederbringlich
Weltkulturerbe
wie krank
muß das Gehirn
jener Männer sein

Mit Waffen oder mit bloßen Händen
foltern, zerstören und töten
Menschen wie du und ich
andere Menschen wie dich und mich
in Uganda, Peru, Bosnien, weltweit

Kein Aufschrei
des Entsetzens
warum auch
austauschbares
Menschenmaterial
wie krank
muß Menschenhirn
für solches Denken sein

Das einzige Abbild
des einzigen Gottes
unwiederbringlich
in Art und Gestaltung
geknechtet, verachtet, vernichtet

Wann endlich
werden wir begreifen
dass der eigentliche Träger
des Weltkulturerbes
der Mensch ist
jeder Mensch
in unendlicher Individualität
Ebenbild des Lebendigen

Saurierleben

Das Erbe
Der Saurier
Steckt in uns
Sagt man

Das Erbe
Ein Schuppenpanzer
Gleichzeitig
Schutz und Gefängnis

Im Zentrum
In Herzensnähe
Unsichtbar
Das Relikt aus der Vorzeit

Im Zentrum
Vernarbt und verkrustet
Unbeweglich
In Härte erstarrt

Häutung
Ist lebenswichtig
Genetisch geplant
Doch ein Wagnis

Häutung
Schmerzhaftes Loslassen
Verletzliches Empfangen
Neuen Lebens

Echsenerbe
Ein tötender Panzer
Im Zentrum
Fast erstickten Lebens

Herzenshäutung
Neue Freiheit ergreifen
Als Vorgeschmack
Der Auferstehung

BSE-Krise

Holocaust
sagt ein Deutscher
Bischof
Anno Domini
2001
Rinder-Holocaust

Sippenhaft
sagt eine Deutsche
Politikerin
geschichtsvergessen
und meint
Bestandstötung

Krematorium
formuliert ein Deutscher
Journalist
vermeintlich prägnant
beschriebene
Tierkörpervernichtungsanlage

Deutsche Sprache
die Sprache Luthers und Goethes
unterscheidet nicht mehr
zwischen
Schlachtung und Mord
Vieh und Mensch
Rindern und Kindern

Deutsche Sprache
die Sprache Schillers und Heines
treibt Blüten
der Menschenverachtung
im Namen der Humanität
und der Aufklärung
Faulstinkende Früchte
des Faschismus
wachsen logisch konsequent
Auschwitzlüge
in subtiler Form
oder einfach nur
krank?

BSE befällt
erwiesenermaßen
das Gehirn
und somit
das Sprachzentrum.

Entgleisungen

In Eschede
entgleiste
1998
ein Zug
Technischer Defekt
102 Opfer

Im Kosovo
entgleiste
1999
die Sprache
ethnische Säuberung
200.000 Vertriebene, Tausende Opfer

In Deutschland
entgleiste
1934
die Sprache
Untermenschen
Tausende Emigranten, 6.000 000 Opfer

Es scheint an der Zeit
die technischen Defekte
der Sprache
zu beheben
weitere Opfer sind sonst
nicht zu vermeiden

Sprachverwirrung

Endlösung
sagten sie
das klingt
nach Ordnung
nach Bilanzabschluß
gemeint war
Konzentrationslager
Gaskammer
Millionenfacher Tod

Ethnische Säuberung
sagen sie
das klingt
nach Folklore
nach Reinlichkeit
gemeint sind
brennende Häuser
verzweifelte Flüchtlinge
tausendfacher Tod

Chirurgische Genauigkeit
sagen sie
das klingt
nach Gesundheit
nach Präzision
gemeint sind
Raketen und Bomben
auf Schuldige und Unschuldige
jedenfalls Leid und Tod

Negativer Gruppendynamischer Effekt
sagen sie
das klingt
nach Psychologie
nach therapeutischer Maßnahme
gemeint sind
Fußballfans - Hooligans
Tritte und Schläge kein Erbarmen
ein halb tot Geschlagener

Kreationen aus Babel
Endlösung
Euthanasie
ethnische Säuberung
chirurgischer Eingriff
negativer Gruppendynamischer Effekt
...
Wann heißt
Mord
endlich wieder
Mord?
Mord,
Mord
und nichts als
Mord?

> An den Sprachflüssen von Babel
> sitzen wir und weinen
> wenn wir an Zion denken.
> (nach Psalm 137,1)

Sichtbehinderung

Als die Türme
des World Trade Center
in sich zusammensackten
wie labile Kartenhäuser
entstand eine
gigantische Staubwolke
vom All deutlich sichtbar
und verhüllte
den Blick auf das Grauen.

Als die Monitore
allgegenwärtiger Fernsehgeräte
das Bild in die Wohnstuben trugen
entstand ein
gigantisches Entsetzen
Staub verursachte Tränen
die verhüllten
für kurze Zeit den Blick.

Brennende Augen
sahen brennende Türme
schmerzende Herzen
spürten Verzweiflung Betroffener
während Staub niedersank
tausende unauffindbar begrub
Staub und Tränen
enthüllten
die Sicht des Wesentlichen

Der Staub hat sich gelegt
das Fernsehprogramm normalisiert
die Augen brennen nicht mehr
die Zeit der Tränen ist vorbei
der Präsident erklärt das Ende der Trauer
die Stimmung auf dem Oktoberfest ist gut.

Gedenkminuten

Gedenkminuten sind angesagt
jede Veranstaltung
ob politischer, kultureller oder sportlicher Art
demonstriert Betroffenheit
ratlos und hilflos
starren Menschen vor sich hin
und gedenken

Gedenkminuten sind angesagt
an den zerstörten Tempel
Wahrzeichen finanzieller Stärke und Macht
westlicher Lebensart
zerborsten verbrannt
gewogen und zu leicht befunden
Grund zu gedenken

Gedenkminuten sind angesagt
an vernichtete Menschen
an Eltern, Kinder, Geschwister, Freunde
brutal und verachtend
atomisiert
zu Staub kehrst du zurück
Grund zu gedenken.

Gedenkminuten sind angesagt
an entmenschlichte Täter
Mordmaschinen aus Fleisch, Blut und
                                        Verstand
zu allem fähig
bedingungslos bereit
jedem Humanismus hohnlachend
Grund zu Gedenken

Gedenkminuten sind angesagt
und Gebete
auf Straßen und Plätzen in Kirchen und
                                        Fabriken
God bless America
und lehre uns bedenken - nur eine Minute -
dass wir sterben müssen
Grund klug zu werden

Lebenslauf

So läuft es im Leben
irgendwann wird man geboren
beginnt zu laufen und ist schon
im Grunde genommen verloren

Man läuft hin und her
geschäftig und wichtig
keine Timerspalte bleibt leer
wer Stress demonstriert ist richtig

So läuft es im Leben
irgendwann wird man geboren
beginnt zu laufen und ist schon
im Grunde genommen verloren

Vielem läuft man nach
Karrieren und Träumen
Idolen und manchem Ideal
den himmelwachsenden Bäumen

So läuft es im Leben
irgendwann wird man geboren
beginnt zu laufen und ist schon
im Grunde genommen verloren

Vor manchem läuft man angestrengt weg
Entscheidungen oder Problemen
vor Menschen und auch vor Gott.
Nur sich muss man immer mit nehmen

So läuft es im Leben
irgendwann wird man geboren
und dann läuft man und läuft
das Ziel hat man längst verloren

Man läuft einfach weg oder anderen nach
Ruhelos läuft man hin und her
dann liegt man vielleicht doch einmal
wach
und fragst sich: Ist da wohl noch mehr?

Das Leben läuft zwischen Geburt und Tod
unaufhaltsam und gnadenlos schnell
und wird der Lauf zum Ziel erklärt
bleibt das Leben ein Auslaufmodell.

Was wäre wenn

Wenn die Dinge
nicht so wären
wie sie sind
vielmehr wären
wie sie sein könnten
fragt die Unzufriedenheit

Wenn die Dinge
nicht so wären
wie sie sind
wäre zweifellos
vieles anders
erwidert die Besonnenheit

Wenn die Technik
der du vertraust
schlicht versagte
Reifen zerplatzt
bei einhundertvierzig
tödliche Folgen

Wenn die Menschen
in deiner Nähe
sich abwendeten
zurückziehend dich
dir selbst überlassen
deprimierende Folgen

Wenn die Natur
unberechenbar
Grenzen sprengte
zügellose Gewalten
zerstörerischer Kraft
unabsehbare Folgen

Wenn Gott selbst
uns beim Wort nähme
sich so tot stellte
wie wir ihn erklären
mit Reden und Taten
hoffnungslose Folgen

Wenn die Dinge
nicht so wären
wie sie sind
vielmehr wären
wie sie sein könnten
fragt diesmal die Dankbarkeit

Wenn die Dinge
nicht so wären
wie sie sind
wäre zweifellos
vieles anders
bestätigt die Besonnenheit

angekommen

angekommen
an dem Ziel
das sie geglaubt
in den Armen
des Geliebten
dem sie vertraut

all die Jahre
der Liebe
die sie geprägt
all die Schmerzen
der Kummer
der sie bewegt

all die Sehnsucht
die Hoffnung
die sie erfüllt
all die Menschen
ihre Lieben
des ewigen Bild

sind vergangen
in dem Licht
der Ewigkeit
Augen schauen
die Wahrheit
außer Raum und Zeit

angekommen
in den Armen
des Geliebten
an dem Ziel
dem sie geglaubt
und immer vertraut

Für Rudolf Kittler
zum Tod seiner Frau Edelgard
im Mai 2002

__Anlageberatung__

ZEIT
investiert man
gewinnbringend
in
EWIGKEIT

Die Autorin ist zu erreichen

Hohenlimburger Straße 90

58099 Hagen

Email: bubuddeberg@yahoo.de